우리에겐 마술이 필요하다

시와문화 시집 057

우리에겐 마술이 필요하다

강영희 시집

시와문화

■시인의 말

시가 내게 조금 더 다정했으면
투정한 적 많다
어둠 속의 몸짓들
읽어내지 못한 적 많다

이면의 슬픔
이면의 설렘
많음이
길을 이끈다

2022년 2월 강영희

|차 례|

■시인의 말

1부 엘비라 마디간

얼음꽃을 위하여 _ 12
노을 _ 13
엘비라 마디간 _ 14
번개 이야기 _ 16
섬 _ 18
인문학 서적-고 안미효 시인에게 _ 19
고도의 밸런스 _ 22
세모와 네모의 시간대 _ 23
빨강으로 빨강을 _ 24
희랍어 시간 _ 26
우리에겐 마술이 필요하다 _ 28
백양나무 _ 30
벚꽃의 보편성 _ 31
엘리베이터 _ 32

2부 성과 속

반딧불이-코타키나발루에서 _ 34
허턴 노르에서 _ 36
인도에서 수행하기 _ 38
성과 속 _ 40
야생동물 서식지 _ 42
숲은 우산을 쓰지 않는다 _ 43
노고단 정상에서 _ 44
북한산에 정상은 없습니다 _ 46
월출산 산행기 _ 48
장흥댁 _ 50
가거도 소묘-1998년 여름 _ 52
가을 동화 _ 54

3부 일원동 연가

앵두나무가 있는 풍경 _ 56
집의 서사 _ 58
미지에서 미지로 _ 60
일원동 연가 _ 61
첫 출근 _ 62
나의 어머니 _ 64
어떤 동창회 _ 66
정형외과 병동에서 _ 68
김분홍 여사 前 _ 70
고전 무용 입문기 _ 72
펌프 이야기 _ 74
꽃집에서 _ 76
배꽃 축전 _ 78

4부 꽃무릇 축제

작명 _ 80
구룡마을 대청집 _ 81
무너진다 사라진다 멀어져간다 _ 82
거제도 포로수용소 유적지를 나오며-김수영 風으로 _ 84
아이누족 박물관에서 _ 86
돗토리현에서 _ 88
서넉이라는 절벽 _ 90
코르셋을 싫어하던 나처럼 _ 92
땅콩 수확 _ 93
어르신 일자리 사업 현장 _ 94
그림값에 대한 고찰 _ 96
꽃무릇 축제 _ 98
군자란의 처세술 _ 99

■**해설** - 우리에겐 마술이 필요할까/ 이영숙 _ 101

1부

엘비라 마디간

얼음꽃을 위하여

나 그대 다시 만나면
밤 내내 두려움으로 떨지 않으리
그대 입김 나의 미소가 만나
긴긴 밤의 터널을 지나
수만 송이 꽃을 피워낼 때

유리창은 그저 우리의 웃음과 울음을 기록하고 있을 뿐
한 번도 디자인된 적 없는 무늬
결빙의 옷자락을 끌며
크레바스의 어둠에 불을 밝히리

아침은 결코 당도하지 못할 것이다
얼음꽃을 향해
둥둥 북소리로 다가올 아침

그 햇살 다발을 부러뜨려라
나의 친애하는 아바타여

노을

봄에 갇히듯
오래오래 캄캄해지기 전

허공에는
우주의 허리띠처럼 길다란 천변

일제히 솟구치는
풀벌레 울음소리

문득 거기
길의 끝

네가 나에게
마지막으로 남긴
뜨거운 감옥 한 채

엘비라 마디간*

그저 피크닉 바구니죠
제발 그런 일만은 일어나지 말라고
연둣빛 천지로 떠나는 게 피크닉 아니겠어요

돌아와, 돌아와
흐르는 물을 따라 어디까지 갈 수 있을지
모차르트 피아노 협주곡 21번
2악장이 생의 하루를 부조浮彫합니다

들꽃이 죽음의 테마를 연주할 줄을
봄이 모르는 게 피크닉 아니겠어요

나비처럼 소녀가 날아가고
소녀처럼 청년이 날아갑니다
두 발의 총성

화면에서 발사되지 않은
또 한 발의 총성이
객석의 한 소녀를 관통할 때

피가 낭자한 흰 보에 싸여
심연의 돌무덤에 봉해지는 게 피크닉 아니겠어요

다시 꺼내 보지 못하는
나의 첫사랑 아니겠어요

*1972년 개봉작. 보 비더버그 감독.

번개 이야기

22년간의 결혼생활 끝에 남자가 바람을 피운다. 이자벨 말마따나 그것은 있을 법한 정상적인 일이다. 내가 그것을 용납하지 못한다면 오히려 내가 비정상적이며, 요컨대 유치하다는 이야기가 될 것이다.
—시몬느 드 보부아르, 『위기의 여자』에서

번개가 잠시 마른 뼈의 진실을 보여줄 때

잠시 뒤 천둥이 구름 뒤에서 부연 설명을 합니다

변명은 천둥의 미학적 수사修辭

자학적이지만 스스로 달콤합니다

번개를 잊게 합니다

찰나는 찰나

찰나에 번개는 사라지지만

번개만 찰나를 사용하는 건 아닙니다

번개 같은 예감

그러나 천둥의 말은 매혹적이어서

드라마는 이 구도로 수백 가지 번개 이야기를 빚어냅니다

있을 법한 현실의 그림자가 드라마입니다만

섬

비가 오는데
버스를 탔는데
유리창에는
인파가
불빛이
몇 줄기 선을 죽죽 그으며
물러가는데
배경이 사라진 것 같은데
버스가 멈추면
사람들이 슬로 모션으로 오가고
음 소거되었는데
손발의 힘도 다 어디로 가고
너 하나 사라졌을 뿐인데
모든 사람이 다 영혼을 잃고
내가 육지인 줄 알았는데
가도 가도 육지에 닿지는 않고
꿈인지 생시인지
나는 육지에서 점점 멀어져 가고

인문학 서적
-고 안미효 시인에게

너는 왜 그렇게 나를 자꾸만 불러냈을까
나는 그때마다 왜 그렇게 숨차게 달려 나갔을까
성내천 둘레길이나
한나절 퍼부은 눈으로 온 도시가 커다란 주차장이 되어버린 어느 겨울 속으로
올림픽 공원 평화의문 옆
한미빌딩 20층 통 넓은 유리창에 펼쳐진 흑백사진 속으로

나는 책을 읽어야 해요
책을 읽지 않으면 그만큼 내 발언권은 줄어들어요
사랑으로도 메꿀 수 없는

삶은 에너지예요 우리 앞엔 여러 갈래 길이 있고
놓여날 수 없는 짐이 있고 그런데
치명적인 복병이 있죠 녹처럼 번져가고 조여오는 일상의 지루함
내겐 연애가 필요해요 섬광 같은 정신적 오르가슴, 연애의 본질이죠

땅을 좀 마련했어요
숲이 가깝고 새들이 후광처럼 날아내리는
시 쓰는 이들의 작업실
오두막 열쇠를 나눠 가져요
오래오래 불 꺼지지 않도록

죽음이 가까워질수록
펄펄 살아있는 사람들의 시린 등을
어루만져주었다 너는
점점 느티나무를 닮아가고

젊지도 늙지도 않아 더욱 아름다운
앞으로도 삼십 년은 너끈히 나를 더 불러낼 수 있는
나이

치열하게 살았으니 후회는 없어요
그래도 다 나아서
들판으로 소풍 나가고 싶어요

너의 어록은 끝났다
너는 아주 오래 묵비권을 행사할 것이다
나, 어느 도서관 어느 서점에서
너라는 진솔하고 대담한 인문학 서적을
다시 구할 수 있을까

고도의 밸런스

차 한 잔을 마시는 나
술 한 잔에 기대는 너

풍경의 저속 운전자
고속 운전자

하루의 뒷모습에 매료되는 나
옆모습에 매료되는 너

바라보는 나
눈 감는 너

비 오는 아침 산책길
촉촉해서 좋아요
축축해서 싫어요

팽팽함과 헐거움 사이
볼트와 너트가 간격을 유지한 채
고도의 밸런스를 유지하고 있는 오후

세모와 네모의 시간대

밤새
가정법원 화해 조정위원회 위원들이 다녀갔다

화안히 불을 켜야만 잠들 수 있는 너의 소심함
칠흑의 어둠 속에서라야 잠들 수 있는 나의 예민함
너는 세모
나는 네모
빛과 어둠이 섞이는 저녁 어스름의 시간대 밖에서
칡은 칡대로 등나무는 등나무대로 제 갈 길로 뻗어갔다
치렁치렁 칡꽃도 등꽃도 홀로 아름다웠다

세모는 산의 형상이요 네모는 바다의 형상
해안의 절경은 세모와 네모의 앙상블이죠
눈이 저렇게 쌓이도록 밤새 설득은 이어졌고

빨강으로 빨강을

이순耳順 즈음 홀연히 미국으로 건너가 성인학 박사를 마치고 돌아온 지인 왈,
인간에게 맨 마지막까지 사라지지 않는 두 가지가 있다고 해요
성과 지능

새빨간 티셔츠 새빨간 바지와 구두 새빨갛게 물들인 머리
그러나 나이까지는 물들이지 못한
육십 언저리의 여인
스쳐 지나간다
개롱역 3번 출구
무채색 톤 남자의 팔짱을 끼고

바람 없는 계곡 단풍이 지고 있다
빙그르르 허공 돌아 한 잎 두 잎
저들끼리 속살 비비며
살포시 기대고 있다

가벼워진 몸

허공은 넓어서
애틋한 눈길의 무게
불길은 쉽게 번져가리
무채색 남자도 빨강으로 물들어가리

희랍어 시간*

눈이 어두워져 가는 남자가 있다
입이 어두워져 가는 여자가 있다

희랍어 강의실
칼레파 타 칼라,
아름다움은 아름다운 것, 어려운 것, 혹은 고결한 것
고대 희랍인들의 관념을 향하여
진흙의 시간과 머리카락의 고요와 소멸의 이데아에 관하여
그들은 먼 시간 먼 나라 얼음 기둥을
어두워져 가는 손으로 만진다
밤이 번진다

눈과 입술이라는 성곽 마주 선 채
인력引力을
자장磁場을
느낀다 화해할 수 없는 것들의 가장자리가
녹아내린다 발을 적신다

남자와 여자는 서로의 심장에 손을 넣는다

높이 높이 솟구쳐 오른다
그러나 끝내 스쳐 지나
각기 다른 곳에 착지한다
태양의 흑점들이 폭발하기 시작했다

*한강 소설

우리에겐 마술이 필요하다

강변 CGV에서 감독판으로 재개봉된 2021년판 바그다드 카페를 보았다

트럭 운전사들이 투덜투덜 지나가고 모래 먼지 풀풀 날리는 객석
입에서 모래가 씹혔다

모하비 대신 때로 고비로 우회하기도 했지만

영화를 보는 내내 왜 그렇게 갈증이 느껴졌는지 몰라, 너는 말한다
익숙하지 않은 갈증이야 언젠지 알 것 같은 날들에 대한 은유처럼, 나는 동의한다
투썸 카페에서 우리는 갈색 모래 한 스푼을 커피에 섞어 젓는다

네가 부친 트렁크에는 추어보지 못한 춤 불러보지 못한 노래
다 지난 일이지 함께 넣은 달은 너무 차가워
내가 세웠던 텐트 밖으로

밤새 우르르 덜컹덜컹 트럭이 지나가고

어떤 나무는 아무리 정성껏 물을 줘도
결코 자라지 않았다

물이 필요한 게 아니었는지도 몰라

우리는 마술을 찾아
카페를 휘휘 둘러보았다

백양나무

태풍 곤파스 휩쓸고 간 뒤
쓰러져 있었다
백양나무, 백양나무
옆을 보지 않고 하늘로만 뻗어 오른
유독 백양나무만
개포동 인근 야산에

상점 밖에 내놓은 스피커
심장이 쾅쾅 울렸다
노래 한 곡을 되풀이해서 들으며 너는
유리문 안에서 홀로 얼굴을 감싸고 앉아 있었다

실연은 강속구예요
아주 한참 뒤
백양나무처럼 핼쑥한 얼굴로 네가 말했다
손이 차갑군요
단골인 나의 마음도 핼쑥해졌다

벚꽃의 보편성

좋아요, 받아들이지요
바람과 비를 앞세우고 느닷없이 보내온
봄날의 통보

그렇지만 안될까요
봄 햇살과 함께하는 마지막 이별 여행
설탕처럼 혼곤한 잠속으로
한나절만 한나절만 더
걸어 들어갈 순 없을까요
쫓기어 가지 않고
내 발로 뛰어내릴 수만 있다면

지는 벚꽃과 떠나는 애인 그 갈피에서
우리 헤어지자,
애인들은 서로 이별 당하고
애인들은 서로 여성적 화자가 되어
물웅덩이에 겹으로 쌓여 울음을 참고

엘리베이터

엘리베이터는 수직의 강물
캄캄한 어둠과 저 아찔한 허공의 통로
유속이 느리다
정신이 은빛 물살 튀기며 솟구쳐 오를 때
몸 안이 환해지는
지하 삼층에서 지상 십오층 사이

늘 아슴아슴 그리운 너에게 닿으려면
나룻배 타고 강나루 건너
밤나무골 순이네 집에 이르듯
잠시 호흡을 멈추고
엘리베이터 9층 버튼 그윽이 눌러야 한다

2부

성과 속

반딧불이
-코타키나발루에서

통통배가 물 위를 미끄러진다
긴 수묵화 병풍처럼 둘러쳐진
맹그로브 숲속으로
지구의 허파 속으로
인간의 몸을 벗고 정령이 되는 경계를 넘으며
뱃전에 찰싹이는 파도 소리

칠흑의 어둠 한가운데서
일제히 일어서는
수백 수천의 반딧불이들
재야의 종소리를 들으려
종로에 모인 음 소거된 인파처럼
이승의 뚫린 구멍으로 몰려 들어온
저승의 혼들처럼

훠어이 훠어이 초혼가처럼
불빛 흔들어본다
기류처럼 무심하게 흐르던 반딧불이들
그중 가장 얼굴 창백한

반딧불이 한 마리
가던 길 돌아서서 내게로 온다

그가 확 끼쳐진다

허턴 노르*에서

이곳은 독수리가 통치하는 땅
우리는 밀입국자
자유라는 패스포트를 들고 어둠을 틈타
이곳에 숨어들었다
훌훌 텐트를 치고
저쯤에 땅을 파 간이 화장실을 세우고
별똥별을 주워 모을 보자기를 펼쳤다
우리의 이주는 완성되었다

캠프파이어 불꽃은
우리의 키를 훌쩍 뛰어넘어
또렷하게 돋아나는
은하수 물길 속에 잠기기도 하였다
불꽃이 잦아지자
누구는 소똥을 누구는 말똥을 주워 왔다
잘 마른 건초들이 향기롭게 타올랐다

저 멀리 만년설이 보이고 그 단호한 흰빛
약속처럼 흘러 흘러 호수가 되어
우리들의 텐트 자락을 밤새워 지키고 있었다

이윽고 아침이 밝아오자
초원의 끝자락 어딘가 바람의 궁전에서
불쑥 독수리 한 마리 하늘 한가운데로 솟구쳐 올랐다
왼쪽 어깨를 한번 또 오른쪽 어깨를 한번
해독 불능의 모스부호를 타전했다
천년 제국의 상징이
푸른 하늘에 독수리 문양으로 찍혔다

*몽골의 빙하지대에서 흘러내린 물이 강처럼 흐르는 규모가 큰 호수. '노르'는 호수의 몽골식 발음

인도에서 수행하기

 번잡한 대로변에 관광버스가 멈춰 섰다 어구, 아구, 접혔던 관절을 풀며 우리는 주섬주섬 자기를 챙겨 버스를 내렸다 오고 가는 사람들 현지인 절반 관광객 절반 인도 영화의 공통점은 출연자들의 눈이 깊다는 것 눈앞에 영화적인 파노라마가 펼쳐지는데 땟국물 흐르는 어린 오누이가 쪼르르 내게로 달려왔다

 나도 모르게 들고 내린 과자를 여자애가 쳐다보고 남자애는 손가방에 매달린 원숭이 마스코트를 쳐다봤다 초롱초롱하고 깊은 눈빛 경적소리에 놀라 후다닥 버스에 올라탔다 여자애는 벌써 과자를 한 개 입에 넣는데 남자애의 눈빛은 나를 따라 버스에 올라타고 있었다

 다음 코스 어디선가 인파에 휩쓸려 원숭이 마스코트를 잃어버렸다 내 머릿속에 땟국물이 흐르는 걸까 땀내와 찝찔한 소금기가 전신에서 느껴졌다

 그 아이에게 주었더라면 선물이 되었을
 잃지 않았다면 내게는 짐이 되었을

잃어버리고 난 뒤에는 시름이 된

그 잘난 원숭이 마스코트

*인도의 서사시 「라마야나」에 등장하는 원숭이 장군 하누만은 소년과 청년들에게 특히 인기 있다 함.

성과 속

바라나시에는 두 종류의 인간이 있다
순례객과 관광객

부르튼 맨발 굽은 허리
자석에 이끌리는 철가루처럼
공중을 날다가도 대지에 이끌리는 사물처럼
바라나시에서 마음의 짐을 부리는 순례객

소들이 어슬렁거리고 있다
노숙한 사람들이 부스스한 머리를 하고 양치를 한다
군데군데 질펀한 오물을 피해 걷는 관광객

두 무리가 뒤섞여 걷는다
더러움을 더러움으로 보지 않는 성聖
더러움을 더러움으로 보는 속俗
이 괴이한 행렬

이윽고 다다른 갠지스 강가
느리게 인도식으로 동이 튼다
통통배를 타고 갠지스강을 따라 흐른다

"갠지스 강물은 신성해요 그냥 마셔도 절대로 배탈이 나지 않아요"
가이드의 나직한 음성

사방에서
성이 속을 에워쌌으므로
속은 속을 다시 본다
가이드가 돌린 갠지스 강물 한 모금을
벌컥 들이마시는 사람도 있다
이 괴이한 도발
성이 속을 그윽이 바라보고 있는지

야생동물 서식지

야생동물은 위험하니 주의하시오
야생동물을 보호합시다

두 개의 당부가 모여 야생동물 서식지를 만들었나

위험한데 보호해야 하는 것
동물의 입장에서는 극히 안전하고 자유로운 삶터

배낭을 버리고

조금은 위험해져도 좋은
조금은 보호받아야 할

아, 나를 풀어놓고 싶었다

숲은 우산을 쓰지 않는다

가을 소낙비에 인적 끊어졌다
스몄는지 흘러내렸는지
증발인지 실종인지
나만 건더기처럼 남아 숲속 쉼터를 찾아드는데
비 긋고 가려는지
우연히 동선이 같아진 다람쥐가 움찔 놀란다

이곳에선 아무도 우산을 쓰지 않는다
차갑게 파고드는 빗줄기 피하지 않는다
상수리나무 국수나무 산벚꽃나무
우산이끼조차 우산을 쓴 게 아니다

언제부턴가 지붕을 가지기 시작한 이래
인간은 어디에서든 지붕을 펼친다

우산 양산 겸용으로 쓰는 손바닥만 한 꽃무늬 우산
다람쥐가 경계를 풀지 않고 지켜보고 있다

노고단 정상에서

어디를 둘러봐도
산, 산, 산
저 멀리 무등산
바로 옆 월출산

산은 마음이 두 개다
땅에서 멀어져 하늘에 닿으려 하고
하늘에서 멀어져 땅에 닿으려 한다

산을 닮은 사람들이
산의 마음을 밟고 올랐다가
산의 마음을 밟고 뿔뿔이 내려간다

어디에 모두 다
녹아들었을까 산은
길의 가닥가닥 모아 쥔 손에 힘을 풀어 보는데
내려가는 길이 조금 편평해지는데

한 번에 두 개의 길을 가지 못하고
한 번에 산의 두 마음을 밟지 못하고

압축된 한 획을 걷는 인생들이

지리산으로
무등산으로
월출산으로

북한산에 정상은 없습니다

대동문을 지난 어디쯤이었을까
정상은 어디 있나요
땀에 젖어 가슴께가 더욱 짙어진 푸른색 티셔츠
한 젊은이가 물었다
백운대를 말하는 걸까
인수봉을 말하는 걸까

사람들은 자신이 다녀온 곳을 향해 손가락 화살을 겨눴지만
하산하는 자의 여유를 가지고 곰곰이 생각한다
정상은 과연 어디 있을까
내가 방금 비켜 온 백운대 꼭대기가
내가 가 보지 않은 인수봉 꼭대기가 정상일까

인생의 블랙홀 같던 여고 시절
기말시험을 보다 깜빡 졸 때 보이던 정상
대학 정문이 다시 산의 초입이었음을
돌아보면 정점 같았던 매 순간
산의 초입에 다시 서 있는 나를 발견했음을

가다가 중지 곧 하면 아니 감만 못하니라
옛 시인도 가야 할 곳이 정상이라고는 말하지 않았다
산향기 무성한 산그늘
무심히 이끼 덮어쓴 바위

정상은 어디 있나요 대신
정상은 무엇인가요
나 자신에게 묻는다
북한산에 한두 개 정상은 없다
수백 개의 정상이 있을 뿐

월출산 산행기

　서울서 출발할 때도 현장 도착순대로 두 대의 버스에 무작위 자리 배정을 했지만도 월출산 등반 후 출발할 때 역시 현장 도착순임돠 단, 영암에서는 사람이 아니라 배낭 순임돠 일진 버스에 타려면 배낭을 집어 던져서라도 마흔다섯 번째 순서 안에 드셔야 함돠

　전세버스에서 풀려나자 이상하지
　우리는 쫓기는 신세가 되었어
　근대화의 기수처럼
　생존 배틀처럼
　전력 질주, 철야, 이런 가치가 소중해졌어
　등산화 끈을 조일 때도 조바심을 치면서
　김밥도 물도 걸으면서 먹고 마시고
　손목시계에 자꾸만 눈이 갔어

　그놈의 산악회
　말끝이 기름진 그놈의 가이드 때문에

　그날
　산행만 있었고

산은 없었어
월출산을 갔다 온 걸까
아아, 아직도 모르겠는데

장흥댁

해남군 옥천면 640번지
간이역처럼 소슬한 집 한 채
양철 대문을 여는 친구를 따라 들어섰다
게 뉘시오 하는 주인처럼 반기는
발 디딜 틈 없이 자라난 잡초들
6월의 기와지붕 위에서도

장흥댁이 왔나
기척에 앞집 옆집 뒷집 아낙들이 다가와 울타리를 넘겨다 본다
콩을 추수하다 임계점을 넘긴 장흥댁의 허리
텃밭의 콩들이 눈에 밟혀
서울 아들 집 근처 요양병원 침상에서도 자주 잠 못 이루는

한 달꼴로 들러 집안을 건사하는 서울 아들은 벌써 창고에서 호미를 꺼낸다
두 칸짜리 방까지 쳐들어올 기세인 잡초를 자르고 뽑아내며
모처럼 모였던 동창들도 땀을 냈는데

민박을 하듯 아침으로 라면을 끓여 먹으며
우리는 울타리 옆에서 벌써 몸을 푸는 잡초들을 내다보았다

어머니 대신 집을 지키는
뽑아도 뽑아도 다 뽑히지 않는
이 땅 어머니들의 자식 사랑 같은

가거도 소묘
-1998년 여름

신병 교육 수료 후
빳빳하게 날선 경례를 올려붙이고 너는
부대 배치를 받았다

태풍 오면 배 끊기고 보급도 끊기는
벼락 치면 전화선 끊기고 연락도 끊기는
그래도 사람 살아가는 데는 지장 없다고 네가 전한 섬, 가거도

어떤 극적인 우연으로 태평양에서 북상하던 태풍
롤링 앤 피칭
여객선은 요동치고
승선객은 토하다 토하다 사색이 되었다
어떤 극적인 필연으로 가거도를 비켜 지난 태풍
배가 접안하듯
부대장은 신병을 부모에게 잠시 맡겨
우리는 삼박사일 국토방위를 아들과 함께 짊어도 져보고

시는 추억과 뒤섞이며 자꾸 만연체가 되어가는데

낚시로 잡은 물고기 매운탕에
대한민국 최서남단, 표지석을 배경으로 사진도 찍고
바다가 내 마당 같은 산 중턱의 민박집
느릿느릿 지는 여름해 실눈 뜨고 바라보다
수선 한두 쪽 읽기도 하고

삼 년을 지냈어도 좋았을
그해 여름 가거도

가을 동화

칼로 벤 듯
매미 울음소리가 딱 멈추는 날이 있다
울음주머니를 밀봉해 놓고
매미는 풀벌레에게 낮과 밤을 통째로 내준다

상수리 잎이 손차양을 하고
하늘의 밝기를 헤아려 본다

외딴집 장독대에
뚜껑 열린 단지 두 개
엎어놓은 단지 여섯 개

창틀에 고인 먼지가 턱을 괴고 밖을 내다본다
사람들은 모두 먼 길을 떠났거나
먼 길에서 돌아오는 중이다

3부

일원농 연가

앵두나무가 있는 풍경

물기를 머금으면 백 가지도 넘는 언어로 말하는
뜰 안의 자갈길을 걸어
다섯 살짜리
너는 앵두나무 밑에 앉아 잔돌을 던지며 놀았다

바늘 먹었어?
얘는 왜 이렇게 안 자라?

염려를 담았어도 옆집 아낙의 말끝은 찌르는 모양새를 띠었다

차 타면 토하고
우유도 조금만 먹고

식성 까다로운 할아버지를 닮았나?
공연히 먼 데까지 둘러보는데

이거 많이 먹으면
나 무럭무럭 자라?
엄마도 무럭무럭 자라?

잔가지 하나 흔들지 않고 앉았다 날아가는
참새들처럼 아이는 가벼웠는데
천상의 시간이 흐르던 앵두나무 밑
액자 속 풍경 밖에서
엄마는 무럭무럭 늙어갔는데

짐의 서사

 틀어진 새시 틈새로 싸락눈이 들이치던 밤 나는 30평 아파트 세간살이를 항공용 가방에 모두 밀어 넣어야만 했다 가방은 거실 한 가운데 방주처럼 우뚝 서서 승선 대상을 체크하고 있었다

 삼십 년 동안 손때 묻은 소파를 나는 재빨리 맨 밑에 깔았다 장롱도 붙박이식이라 단숨에 북어처럼 납작해질 텐데요, 내가 말했다 가방은 하마처럼 큰 입을 좌악 벌렸다가 탕! 닫아버렸다 지겨워서 죽겠다는 하품이었다 첫 월급을 쏟아부었던 오디오는 안 될까요, 생일선물로 받은 선인장, 삽교호에서 주워온 잔돌들은… 나의 목소리는 사물들만큼 점점 작아지고 있었으나

 당신이 기념 당한 일 말고 당신을 증거할 수 있는 게 그렇게나 없단 말이오? 심문하는 말투는 딱 질색이었지만 내가 들어가 앉아야 가방이 완성되는 터라 나는 엉덩이부터 들이밀었다 내 몸을 두 조각으로 찢으면서라도 프레임을 중시하는 가방은 지퍼를 잠그려 하였다 너무 비좁아 나는 튕겨 나왔다

내가 너에게 짐이라면 너도 나에겐 결국 짐일 뿐이야 나는 가방을 쏘아보며 단호하게 선언했다 완성되지 않은 가방을 밀며 나는 어딘가로 떠나야만 했다 억지로 창문을 닫았다 새시 아물리는 소리가 찢어지는 소리보다 더 처절했다 빙점이 깨지고 비가 내리기 시작했다

미지에서 미지로

물이 끓는다
삐삐주전자 기적소리 울린다
장난감 속에 파묻혀 있던 아기가
전속력으로 부엌을 향해 기어간다
부엌 쪽에서
기차는 막 출발했다

익숙함으로 닳아버린 땅에서
언제나 빛의 왕관을 쓰고 있는 그곳을 향해

흰 연기를 내뿜으며
그 깊고 어두운 입에서 과일 향을 내뿜으며
기차는 차안을 떠나 피안으로 가는 것만 같은데

아기는 작은 고개 활짝 젖혀
떠나온 지 아직 돌도 안 된 곳으로 돌아가는 기차를
오래오래 배웅하고 있다

일원동 연가

삼전동보다는 7전이나 비쌌지만
개도 포르쉐를 몰고 다닌다는 개포동이 지척인
유머러스한 동네, 일원동
십수 년을 떠돌다 이사하는 날
파스텔 톤의 촉촉한 비가 내렸다

슬라브지붕을 지나 비가 새면
방에 물초롱을 놓고 물소리를 들었다
서늘한 기운이 들어 내다보면
지붕 위로 커다란 멍석구름이 지나가는 중
낱낱의 소음들을 서로 공평히 나누어 쓰던

오늘 우연히 지나치며 본다
붉은 벽돌의 연립주택 3층집
빌딩들이 늘어난 풍경 안에서
그저 조금 낡은
여전히 낙수와 그늘지는 소리를 들려줄 것만 같은
다정한 그 옛집

첫 출근

현관에서
아이는 새로 맞춰 입은 양복이 불편해 자꾸 어깨를 추어올렸다
자랑과 호기심과 두려움을 섞은 표정

다섯 살배기를 왕자미술학원에 입학시키던 날도
아이는 이런 표정을 지었지
예닐곱 살들 틈에서 아이는
예닐곱 살만큼 부풀었다가
다섯 살만큼 작아졌다가

형아, 나 라면땅 하나만 사줘
직장 선배들한테 조르면 안 된다
응가 마렵다고 근무 시간 중에 쪼르르 집으로 달려오면 안 된다

법정 개명이 흔치 않던 시절
집안의 항렬 돌림자 쓰지 않고
한글 이름으로 바꿔주었던
엄마의 극성을 아는지 모르는지

왕자미술학원 가던 골목 지나
아이가 정장을 입고 걸어간다
어느새 이만큼 컸노라고
내가 세상을 향해 오래 손을 흔들며 감사 인사 드린다

나의 어머니

커튼을 뜯어 드레스 만들어 입고
데이트를 즐긴 스칼렛 오하라
전쟁의 포성 속에서 빛나던
야성의 푸른 눈동자

바람과 함께 사라지는 일 없이

처녀 시절 우리 어머니
당시 유행 따라
반창고 대신 옥양목 서슴없이 잘라
없는 여드름 위에 붙이고
엣지 있게 동네 한 바퀴 돌곤 하셨다는데

   다른 형제 척척 붙은 대학을 막내, 얘만 떨어지네요 대학 안 보내면 안 될까요, 큰오빠 제안에 돈 없어 대학 못 간다는 말은 들었어도 공부 못해 대학 못 간다는 얘긴 보도 듣도 못했다 학교를 하나 세우지는 못할망정 재수를 못하게 해?

   결혼생활 몇 년 만에

더 이상 못 참겠어요 친정으로 달려온 동생에게
나라도 못 살지 지 마누라 사랑 두 번째로 여기는 놈
이혼이 순리다

장군 출신인가
전생이 궁금해지는데

다섯이나 되는 딸들
집안일은 못 할수록 좋다고 홀로 살림 도맡으시고
정작 당신은 무학이어서 한글도 모르셨으나
아버지를 67년 동안 참모로 쓰셨던
채륜지업사 여사장님

때로 혈통은 핏줄로 오지 않고
양식樣式으로 온다
전위를 알지 못하나 전위적인 방식으로

어떤 동창회

여러분의 학교와 학과명은?
낭만대학교 방황학과!
정답!

'To be or not to be…' 운을 띄우면
음주 중에도 진도아리랑처럼
후렴을 백 가지 천 가지나 만들었던 40년 전 영문학과 학우들이
그러나 떠들고 먹고 마시는 입만 가지고 모였다
선릉역 진진바라

문학회와 연애질에 바빠
미안했다
그 시절 나는 너희를 알지 못했다
무슨 생각을 할 때 이마가 희게 빛났는지
어떤 농담에 활짝 목젖이 드러났는지
풍경처럼 배경처럼 너희를 소비했을 뿐이다

"우리 여학생 한 명 여기 있어요?"
점주가 두리번거리며 여학생을 찾는다

화장실에서 막 나온 내가 60이 넘은 남학생들 앞으로 걸어가자
점주도 남학생도 여학생인 나도 한 번 터진 웃음이 가시질 않는다
Wuthering Heights*를 손에서 놓지 않던 여학생으로
비로소 나는 40년 만에 소환된 것이다

*「폭풍의 언덕」 원제

정형외과 병동에서

바람이 불어올 적마다
도전! 도전! 어머니 스케이트 특별강좌
현수막은 돛처럼 팽팽하게 부풀었다

어머니들은 첫 출항처럼 서툴렀다
비명인지 웃음인지 감탄사인지
손만큼 정교하지 못한 발
도전! 나흘을 넘기지 못하고 나는 앰뷸런스에 실려갔다
서울병원 정형외과
발목의 실수를 손목이 덮어썼다

고속 완쾌를!
깁스한 손목에 사인을 해주고
지인은 영어판 동화책 한 권을 놓고 갔다
*James and the Giant Peach**
고아 소년 제임스가 슈퍼 복숭아를 타고 모험을 떠나는데
나는 어느새 스케이트를 챙겨 신고
날아가는 슈퍼 복숭아 옆에서 하늘을 지쳤다

구름이 부서지며 차가운 물기를 흩날렸다

나 때문에 미안해
아냐, 아냐, 네 덕분에 이렇게 하늘을 날잖아
손이 발에게 발이 손에게 말을 건넸다
제임스가 내게 마법의 약을 조금 나누어주었다
통증이 줄어들고
병실 천장에 새털구름이 가득 깔리기 시작했다

*영국 작가 로알드 달 지음

김분홍 여사 前

 조선을 자욱이 둘러쌌던 유교의 안개 개명 천지 되어서도 느릿느릿 걷혀가던 양반골 안동 옆 고을, 상주

 전씨 가문 맏며느리, 당신의 시아버지가 미리 지어 놓은 열 명의 손자 이름 예정대로 하나, 둘, 셋 그러나 네 번째로 태어난 손녀 온화했다는 시어머니는 그때 어디에 계셨는지 당신은 지은 죄 있어 애 낳은 지 사흘 만에 스스로 골방 찬 바닥에 무릎 꿇고 나물 한 가마니 하염없이 다듬으셨다지요

 물고기 육고기 구별 없이 비린내란 비린내는 십 리 밖에서부터 금족령 혹여 그 냄새 한 줄기라도 새어들면 시아버지는 밥상을 즉시 마당 끝으로 내동댕이치셨고

 당신의 남편은 집안의 대들보, 곤한 잠에 떨어진 당신의 귓전에 "칼국시 먹고 싶다" 속삭이면 당신은 벌떡 일어나 손이 먼저 홍두깨를 찾으셨다지요

 평생 고단한 당신의 등에 또 하나의 짐으로 다가왔

을 나는 둘째 며느리, 내가 지금 어떤 적에게 항복한다는 거냐, 무릎 꿇기 싫어 좁은 집 거실을 강당용 밀대로 걸레질하던, 직장 다닌다고 밖으로만 나도는 나를 한심하게 여기지 않으셨지요 어린 손자를 위해 혼전 시누이를 보내 살림살이 거들게도 하셨어요 장염 초기 증상을 보이는 내게 잡초 독오른 밭둑 종일 헤매 뜯은 약쑥 달이고 달여 까만 진액 보내주셨지요

 마늘쪽 같은 체구 울퉁불퉁 손마디 비대칭적으로 커다란 손만 키우시던 물려받은 시집살이 될수록 당신 대에서 끊어내려 애쓰시던 당신의 인고 저는 보고도 모른 채 마냥 철없이 살았습니다 뒤늦게 더욱 그리운

 어머니, 어머니, 나의 시어머니,
 김분홍 여사

고전 무용 입문기

어느 날 나는
팬티 위에 겉치마 입고
속치마는 안 입고 고쟁이도 안 입고

이러니 춤에 태가 안 나는 거예요
선생은 이게 뭐냐, 하는 표정을 미처 감추지 못하고

바닥에 뒤꿈치를 찰싹 붙여 지그시 누르다가
잔물결에 바람 스치듯 밀려갔다 밀려오게 해봐요
덩기덕 쿵 더더더 쿵
호흡을 가지런히 해서
굿거리장단 속으로 들어가 보아요

어느 날은 누구에게
하, 왜 그늘이 없나
선생은 한탄하는 표정을 미처 감추지 못하고

완벽하게 아름다운 몸동작
그러나 맨 마지막은 그늘이죠

부채춤도 배우고
살풀이도 배우고
꾀꼬리 타령에 맞춰 공연에도 출연해보았지만
어디에도 그늘은 없어
우리는 춤 한판이 끝나면
다만 조금 깊어진 눈으로 서로를 응시하였다

펌프 이야기

서방 삼거리 채륜지업사
가게 뒤로 옆집 마실 가듯 안집이 이어지고
마당 한가운데 우리의 자랑스런 펌프가 있었다
마중물을 따라 약수가 쏟아져 내렸다

내 키만 한 돌확에
물에 불린 마른고추 마늘 한 줌 찬밥 한 덩이
절굿공이로 쓱쓱 갈아 엄마는 자주
싱싱한 푸성귀 버무리셨다
동네 아낙들이 모여들고
제비 새끼처럼 입을 벌려 나도 칼칼한 겉절이 한쪽 얻어먹었다
친구가 불러도 나가지 않았다

이 펌프는 우리 큰애가 놔준 거야
수학여행비를 줬는데 도로 내놨지 뭐야

매울 수밖에 없었을 엄마의 살림살이와
떠나가는 수학여행 버스를 오래 바라보았을 큰오빠의 눈빛과

콸콸 쏟아지던 펌프 물

단돈 3루피에 샀다
인도 자이푸르에서
손잡이를 누르면 주둥이에서 물이 졸졸 흐르는 모형 펌프
열서너 살쯤 된 소년 행상의 얼굴에
오빠 얼굴이 겹쳐졌다

꽃집에서

만리나 가려는 향기는 너무나 진해
만리향보다는 천리향이라는 꽃집 주인의 넉살
두 손 앞으로 둥글게 모으는
너는 언제부턴가 공손한 식물학교 학생
칭얼대는 갓난아이 따윈 내 인생에 없어요
아이 대신 번쩍 들어
네가 껴안은 천리향 둥근 화분

나는 천리향 대신
어린 너를 번쩍 들어
천리향으로 키웠는데

초여름 잎사귀들은 떫은맛을 냈다
햇살이 열기구처럼 내려앉던 여름 지나
돌고 돌아 골목은 길섶 쑥부쟁이에
가을을 부려 놓았다

만리향보다는 천리향이야
천리향보다는 칭얼대는 갓난아이야
꽃집 주인의 넉살이 없는 나는

경쾌한 너의 확신을
단지 바라만 보고 있다

배꽃 축전

배꽃이 곧 피어날 거 같네
절정은 길어야 이삼일이야
수화기 너머 손윗동서의 음성이 은은했다

날것들도 길을 잃곤 하는
덕담리 육천 평
흰빛에 지쳐
도무지 돌아 나오기 싫었다

전자 제어 화분 수정기가
축원하는 사제의 손길로
배꽃을 스쳐 지나간다

떠들썩한 과수원

동시 숙제라며
열 살배기 민지가 공책을 보여준다

배꽃이 더 예쁜가
내 배꼽이 더 예쁜가

4부

꽃무릇 축제

작명

동의하지 않겠다

색깔이 비슷하다고
겉모양이 닮았다고
이 불을 저것에 옮겨 붙인다
저것은 같은 불로 타지만 자기를 모두 잃는다

패랭이를 닮았다고 패랭이꽃
양반들이 지나가면
패랭이를 벗고 길가에 엎드렸다던 천민들처럼
지금 저 꽃들이 길가에 떼 지어 엎드렸다는 것이냐

구룡마을 대청집

9일 무허가 주택이 밀집한 서울 강남구 개포동 구룡마을에서 불이 나 주민 1명이 숨졌다. 1988년 형성된 무허가 집단 거주지인 구룡마을에는 판잣집 등 가건물이 밀집해있으며 저소득층 약 1,200여 가구가 거주하고 있다.
-《서울신문》 2014. 11. 10.

대청집이 사라졌다
타워팰리스와 대모산 사이
낮은 포복의 집들 중 하나
비닐 지붕 아래 상하수도 없는 강남권역
해물 칼국수와 꽁보리밥이 맛있던 단골집

폴리스 라인이 둘러쳐지고
연결 호스 달아나버린 가스통 옆에
흙 묻은 운동화 한 켤레
소방차 사이렌 소리처럼 싱싱한 연탄이
쓰러진 기둥 옆에 차곡차곡 쌓여
까맣게 빛나고 있었다

화재 위험보다
일용할 양식이 더 무서운 사람들이
날마다 가스통을 벤 채 잠들고 있다

무너진다 사라진다 멀어져간다

재건축이 카운트다운에 들어간 저층 아파트 맨 꼭대기 층 수도관 물줄기를 끌어 올리느라 승압기는 종일 가랑가랑 천식을 앓았다

과외 수업을 핑계 대고 고3짜리 딸아이는 오후 3시 하교해 낮잠과외로 도피했다 가랑가랑 이중주였다

중고 에어컨이 바락바락 소리를 질러대도 슬라브 옥상과 서쪽 창의 열기는 물러가지 않았다

살기殺氣가 번졌으나 우리는 맥주병을 앞에 놓고 건설적인 대화로 건설적인 상황 건설하고자 마주 앉았지

비록 재산은 탕진했으나 내가 누구냐, 대한민국 건축 부문 지붕 자재 수입사에 한 획을 그은 인간 아니냐, 말인즉슨 나는 실패한 게 아니다 노병은 죽지 않는단 말이다

창가에 서면 석촌호수 위로 점점이 비둘기 떼 솟구쳐 올랐다 나도 모르게 내리친 맥주병 조각처럼 날카

로웠다 건설적인 분위기의 파편들처럼 비둘기가 다른 하늘로 선회해서 사라졌다

  아파트는 속절없이 낡고 빠르게 부식되었다 재건축 특수를 누리지 못한 채 우리는 이삿짐을 쌌다

  어느 날 우연히 이곳을 지나치다 들었다 두터운 천막 안에서 아파트의 뇌 터지는 소리 신경줄 끊어지는 소리 무어라 무어라 비명 지르다 풀썩 주저앉는 소리 황사바람 지랄같이 회오리치는 봄날이었다

  4층과 5층의 온도가 확연히 달랐던 계단 양손에 빈 맥주병 들고 끝없이 내려가던 날들이 무너져내리고 있었다

  무너진다 사라진다 멀어져간다
  우리들의 모든 것
  한때 우리들의 한 컷이

거제도 포로수용소 유적지를 나오며
-김수영 風으로

두 줄 막대기 위에서 똥 누는 포로 옆
쇠죽통 같은 저녁 식사가 끓고 있었다
이념의 흙탕물이 끓고 있었다

짐승에서 인간까지
수치에서 자존까지
결국 그 분수령을 넘어오지 못한
저들은 나의 선조가 아니라 나의 자식
이제야 깨닫느니

그런데도 나는 바뀐 게 없느니
시금치 콩나물
무료 비닐봉지 대신 종량제 봉투를 종용하는 동네 슈퍼 주인을 욕하고
헬스클럽 전단지를 기어이 손에 쥐어주는 아주머니 뒤통수를 째려보고
남북통일
지구 온난화엔 곁눈도 주지 않고

치졸한 나의 전통은 유구해서

유신 치하의 대학 시절
스크럼 짠 대모 행렬이 학교 앞 도로에 드러눕고 드디어
탱크가 적진처럼
교정을 짓밟고 서던 날
나는 최루탄 냄새가 번지지 않은 곳까지
뒤돌아보지 않고 내달렸다

반항하지 못하고
반성하지 못하고
저 뜨거운 조명을 견디는 미니어처들에 감정이입이나 하다가
일상으로 안전하게 복귀하는
얼마나 작으냐, 라고 말할 자격도 없는 나는

아이누족 박물관에서

눈 덮인 얼음의 땅 홋카이도
자작나무 숲 너머 바다가 가까운 곳
할아버지의 할아버지의 할아버지 적부터
원주민이라는 배타적 호칭이 아니라
이 땅의 주인으로 살아왔지요 그대들

천정엔 주렁주렁 연어 살코기 매달아 말리고
마당 한구석엔 곰을 사육하며
긴긴 겨울
기름기 자글자글한 밤과 낮을 보냈었지요

그들은 개척이라 말했다지요
'구로다 키요타가' 개척의 영웅
본토에서 북으로 북으로
길을 닦고 철도를 깔고
문명이라는 독을 주사했겠지요
버섯 같은 역사가
번쩍이는 사무라이 칼에
싹뚝싹뚝 썰려 나갔겠지요

'윙윙윙윙'
그 먼 날의 울부짖음
고작 민속공연에서나 들려주는
아이누족 나무 피리 소리
언젠가 이 땅의 주인은 우리였다고
틀림없는 우리였다고

돗토리현에서

DBS 페리호를 탔다
뒷짐 지고 밤마실 가듯 가벼이

두 집을 마주하는 담 사이
뻗어가는 감나무 줄기 문제로
웃을 일보다 싸울 일 더 많아져 버린
오랜 이웃 같은

동해에서 사람이 실종되면
이곳에 와서 찾아야 하리, 동과 서가 마주하는
일본 땅 시마네 돗토리현
네 감이다 내 감이다 높아가는 언성처럼
위안부 독도 문제가
동해와 서해 사이를 표류하고 있었다

그러나 일찍이 사무라이 칼에 납작 엎드려야 했던
이곳 민초들이나
양반의 헛기침 소리에도 숨죽여야 했던
우리네 백성들에게는
심장 뛰는 소리가

같은 주파수로 흐르고 있지 않았을까
일본 땅에 세워진 한일 우호 교류 공원*
이곳저곳 가득 메운 우리 꽃 무궁화
내리는 비에도 얼굴 들어
크게 함박웃음 터뜨리고 있었다

*1819년 강원도 울진군 평해에서 출항한 상선이 폭풍우로 아카사키 앞바다에 표류했다. 돗토리현에서는 이들을 융숭히 대접하고 조선으로 귀국시켰다 함. 이런 사실을 근거로 표착 지점이 보이는 곳에 두 나라 우호를 바라는 염원으로 한일 우호 공원이 세워졌다 한다.

저녁이라는 절벽

아직 꽃집 가판대에 놓여 있다
팔리지 못한 배추 모종
그새 눈칫밥이 늘었는지
엉거주춤 앉지도 서지도 못한 채

한 발짝도 뗄 수 없는 흙 속이
벌써 허공이다
있는 힘을 다해 물기는 왜 눈가로 몰리는가
거기 그 자리
나누어 가질 수 없는 문득 절벽인데

즐거운 퀴즈 시간이 왔어요
다 자랐으나 아직은 성인 아니고
미성인인가 하면 아이는 더욱 아닌
20대를 가리키는 용어는?

저 멀리 하늘에서 면접관 닮은 구름이
세금 고지서처럼 저벅저벅 내려오고 있다
세금을 많이 내고 싶어요
자발적 납세 능동적 납세 장미꽃잎이라도 따서 보태

나 그대에게 모두 드리리

배추 모종이나
귀가하다 말고 배추 모종 앞에 쭈그려 앉은 저 젊은 등짝이나
88만원 세대로 묶이는 저녁

코르셋을 싫어하던 나처럼

옥상에 화분 칸칸이
고추 가지 상추는 물만 줘도 잘 자랐다
식탁으로 직배송되는 식재료들
밭농사 본새로, 된장 끓일 건데 고추 좀 따오렴
딸애는 쪼르르 철계단을 밟아 오르고
방울토마토는 후식

화초도 야채도 아니라는 듯 호박꽃은
겨우 여문 새끼손가락만 한 호박과 함께 시들어갔다

아파트를 싫어하던 어머니처럼
코르셋을 싫어하던 나처럼

땅콩 수확

달아나고 싶었으리
햇빛과 풍문이 두려운 땅의 콩
하늘 향해 피어났던 노란 불 서둘러 끄고
사다리 내려 땅속으로 땅속으로
옮겨간 땅콩

본치에게 붙잡힌 첩의 머리칼처럼
공중으로 여지없이 뽑혀 오르는 땅콩 머리채
플래시가 터진다 백주대낮에
배려도 없이
엉거주춤 흙범벅으로 딸려 나오는 땅콩, 땅콩
혼외 자식들처럼

어르신 일자리 사업 현장

송파의 끝자락, 재개발의 열기로 나날이 노쇠해지는 곳
만들어냈다, 마천동 골목길은 밤새 쓰레기들을
숨어 있었다, 담배꽁초 우유곽 오토바이가 휙 뿌리고 지나간 추풍낙엽들 신불자가능 아줌마일수 청약통장 삽니다 못받은돈받아드립니다
찾아냈다, 장기 세금 체납자 특별 감시단처럼
반지하 창문 앞 깨어진 보도블록 잡풀 사이 노래방 도우미모집
정부보증 시급 9,000원 어르신 일자리 사업을 창출하는 가볍고 건조한 메시지들

어르신, 어르신
볼살 통통한 마천 종합 복지관 소속 복지사가 무한반복으로 읊조리는 호칭
노인, 늙은이를 리모델링해서 쟁반에 받쳐내 온 살짝 이 빠진 사기 물컵 같은

쓰레기는 까만 비닐봉지 안에 넣으세요
자꾸만 감추고 싶었던 것

미니멈 삼십 분인 요실금, 근무일지 사인란에 새겨진 손 떨림 증상, 혹은 문맹의 한도 같이 집어넣고 싶었다 손전화를 받으며 모처럼 환히 웃는 누군가의 주름살을 마음에 집어넣는데
 어르신, 어르신
 알아들으셨지요?

 보이지 않게 볼 수 없게
 까만 비밀봉지 꼭 묶어 여기 대형봉투에 넣으시면
 어르신, 어르신
 이걸로 오늘 작업 끝이에요

그림값에 대한 고찰

벽에 나란히 걸린
두 개의 그림
그것은 하나의 사건이다
누구의 그림이냐 언제 적 작품이냐
술을 마시며 사건이 구체적으로 작가의 삶과 예술을 안주 삼을 때
30년의 시차를 두고 그린 누군가의 산수화를 거실에 걸어둔 장본인
제육볶음에 무생채를 얹으며 그가 말했다

그림이 사건인 것은 삶의 변곡점이 거기 있기 때문이야 젊은 날의 그림은 또렷하고 빽빽하고 선에서조차 웃음, 한숨, 눈물이 스타카토로 묻어나 그런데 이상하지 나이 든 그림은 허술해 모든 선은 곡선의 배후가 돼 선이 몇 개 안 돼 텅텅 빈 게 울려서 밤마다 잠이 안 와

30년 동안 물감 아낄 궁리만 한
물감을 절반도 안 쓴
성의도 없는 데다
장본인을 괴롭히기까지 하는

저, 저 숭악한 그림을 넘겨라, 반값에 사마
　사실은 반값도 후한 거라고 암만, 암만 맞장구를 치
면서 우리는

꽃무릇 축제

미인 선발 대회장인가
새빨간 입술 긴 인조 속눈썹
쭉 뻗은 맨 종아리 아가씨들 무더기로 서 있다
누가 누가 가장 아름다운가
무대 밖 관중석에서 쉴 새 없이 플래시가 터진다
한 송이 한 송이는 이토록 어여쁜데
그러나 이 지루함은 무엇인지
대량생산된 인공미인들
눈 한번 깜빡거리지 않고 판에 박은 미소를 짓고 있다

축제를 위해 은어 치어들이
갯벌의 조개들이
튤립 구근들이
티브이에서는 열 살도 안 된 아이가 단장의 미아리 고개를

컨테이너에 실린
축제가 한반도를 급습하고 있다

군자란의 처세술

이른 봄에 피는 꽃 쑤욱 솟구치는
꽃대궁 작은 태양 작은 행성으로 비유되는 꽃
군자란,
군자와 란을 떼어본다

군자,
사서삼경이 떠오르고
덕, 인품, 묵향이 떠오르지
근현대사를 통틀어봐도
사람으로는 표본이 떠오르지 않는다

란,
이 잎은 군자 대로행의 표상이요
이 꽃은 사상의 누각인지

이러나저러나 도무지 군자君子를 벗어나지 못하는
생물학적으로는 난이 아니라 백합과에 속하는

그런데 너는 군자란이란 이름이 왜 그리 어울리는 거냐

■해설

우리에겐 마술이 필요할까

이 영 숙
(시인·문학평론가)

1.

　시는 시인의 세계 인식을 반영한다. 인간과 사물, 관계에 대한 태도나 감정을 드러내는 방식 등이 그것이다. 물론 시의 프리즘을 통과하며 언어는 미적 변형을 겪지만, 이를테면 세계를 긍정적으로 보거나 부정적으로 보는 관점은 좀체 변하지 않는다는 것이다. 대상에 대해 관념이 우선하느냐, 감각이 우선하느냐 하는 점이 문체에 관여한다면, 현실의 어느 지점—일상과 비일상 중 어디를 주된 시적 공간으로 삼느냐, 무엇에 대해 사유하느냐 등은 시의 범주와 연계되며 한 시인의 시 세계를 일관된 것으로 구성한다. 강영희의 첫 시집

『우리에겐 마술이 필요하다』의 테마는 8할이 사랑이다. 시인은 사랑에 대해 사유하고 정의하는 일에 몰두하면서도 그것을 추상화하지 않고 현실적 맥락과 연계하여 구체화하는 작업을 지속하였다.

첫 시집은 시적 생애의 첫머리에 놓이는 첫봄이고, 첫사랑이며, 첫울음이다. 첫걸음이 없으면 두 번째 걸음도 없다는 진술의 자명함은 '첫'을 강조하기 위해 쓰이는 흔한 수사이지만, '첫'과 '사랑'을 떼어 쓴다고 하여 첫봄, 첫사랑, 첫울음, 첫걸음에 견주었을 때 첫 시집의 광휘는 조금도 뒤지지 않는다. 살아온 날들을 빚어 내놓는 일대 사건에 어찌 세상이 반응하지 않을 것이라고 상상이나 할 수 있겠는가.

그러나 시적 광휘는 세상으로부터 오기 전에 시인 자신에게서 먼저 온다. 대답하는 자에서 질문하는 자와 대답하는 자가 하나인 시적 존재로. 『우리에겐 마술이 필요하다』라는 화두가 '우리에겐 마술이 필요할까'라는 질문과 '우리에겐 마술이 필요하다'라는 대답을 동시에 포괄하듯.

강변 CGV에서 감독판으로 재개봉된 2021년판 바그다드 카페를 보았다

트럭 운전사들이 투덜투덜 지나가고 모래 먼지 풀풀 날리는 객석
입에서 모래가 씹혔다

모하비 대신 때로 고비로 우회하기도 했지만

  영화를 보는 내내 왜 그렇게 갈증이 느껴졌는지 몰라, 너는 말한다
  익숙하지 않은 갈증이야 언젠지 알 것 같은 날들에 대한 은유처럼, 나는 동의한다
  투썸 카페에서 우리는 갈색 모래 한 스푼을 커피에 섞어 젓는다

  네가 부친 트렁크에는 추어보지 못한 춤 불러보지 못한 노래
  다 지난 일이지 함께 넣은 달은 너무 차가워
  내가 세웠던 텐트 밖으로
  밤새 우르르 덜컹덜컹 트럭이 지나가고

  어떤 나무는 아무리 정성껏 물을 줘도
  결코 자라지 않았다

  물이 필요한 게 아니었는지도 몰라

  우리는 마술을 찾아
  카페를 휘휘 둘러보았다
 　　　　　　　　　－「우리에겐 마술이 필요하다」 전문

 표제작이기도 한 이 시는 영화 후기처럼 쓰였지만, 실은 영화를 빌어 현재를 드러내는 액자식 구조를 가

지고 있다. 1987년판 〈바그다드 카페〉의 2021년 버전이라고나 할까, 시는 '모래'를 매개로 영화 속 과거와 영화 밖 현재를 넘나든다. 모텔을 겸한 모하비사막의 '바그다드 카페' vs 사막화된 영화관과 '투썸 카페', 여행 중 남편과 다투고 차에서 쫓겨나 바그다드 카페에 머물게 된 야스민과 일상에 지쳐 악다구니만 남은 카페 여주인 브렌다 vs '익숙하지 않은 갈증'에 시달리는 '나'와 '너', 남편의 트렁크를 잘못 가지고 내린 야스민 vs '추어보지 못한 춤 불러보지 못한 노래'를 트렁크에 담아 '부친' '너'는 영화 안팎의 같은 각도에서 겹쳐진다.

그러나 영화 속에는 마술이 있고, 영화 밖에는 마술이 없다. 영화 속에서는 야스민이 종이꽃에 물을 붓자 꽃이 활짝 피어나지만, 영화 밖에서는 '아무리 정성껏 물을 줘도' '어떤 나무는' '결코 자라지 않'는다. 눈속임으로 끝나지 않고 마법과도 같은 기적—주인공과 주변부 인물들의 생을 반전시키는—을 일으키면서 영화 속 마술은 기적과 동의어가 되는데, 영화 밖에서는 '마술을 찾아/ 카페를 휘휘 둘러보'아도 기적과 무관한 일상이 여전히 진행 중이다.

생의 주기라는 것이 있다. 개인차가 있지만, 일반적으로는 교육을 받고 결혼에 이르는 시기를 생의 전반기로, 직업인으로 보내는 시기와 자녀 출가까지의 시기를 중반기로, 그 이후를 노년기로 분류한다. 사랑을 중심에 놓고 보았을 때, 우리는 생물학적·사회적 나이와 함께 어떤 형태로든 사랑과 동행한다. 기쁨이나 슬픔, 이별, 미움, 분노의 감정일 수도 있고, 가족과 친구와 연인, 이웃과 사회라는 대상일 수도 있으며, 고답적이거나 세속적인 태도일 수도 있고, 공동체적 가치와 이념, 인류애라는 가치일 수도 있다. 따라서 사랑이 삶의 테마가 되고 시의 테마가 되는 시인의 세계 인식은 자연스럽다.

그러므로 살아온 날들에 대한 오해와 의심과 회의('물이 필요한 게 아니었는지도 몰라')는 시인에게서 한편으로 사랑에 대한 오해와 의심과 회의이기도 하다.

영화 〈바그다드 카페〉는 해피엔딩이지만, 우리는 반복해서 '물이 필요한 게 아니었는지도' 모르는 '나무'에 '정성껏 물을' 주며 기적이 일어나기를 바라는 삶을 살고 있기 때문이다. 각본 없는 미지가 생 자체이며, 어제—오늘—내일이라는 연속성 안에서 오늘이라는 제한된 시공간을 시시각각 자각하며 살아가는 인간의 숙명에서랴. 그래서 생을 긍정하기가 부정하기보다 더욱 어려울 수도 있는 삶을 살아내야 하는 건지도 모른다. 어쩌면 기적은 도래하는 것이 아니라 발견해야 하는 건지도.

2.

물이 끓는다
삐삐주전자 기적소리 울린다
장난감 속에 파묻혀 있던 아기가
전속력으로 부엌을 향해 기어간다
부엌 쪽에서
기차는 막 출발했다

익숙함으로 닳아버린 땅에서
언제나 빛의 왕관을 쓰고 있는 그곳을 향해

흰 연기를 내뿜으며
그 깊고 어두운 입에서 과일 향을 내뿜으며
기차는 차안을 떠나 피안으로 가는 것만 같은데

아기는 작은 고개 활짝 젖혀
떠나온 지 아직 돌도 안 된 곳으로 돌아가는 기차를
오래오래 배웅하고 있다
―「미지에서 미지로」 전문

별로 낯설 일 없는 정황. 물이 끓으면 소리를 내는 주전자와 장난감을 가지고 노는 아기가 한 공간에 있다. 물이 끓자 아기가 소리에 이끌려 '부엌을 향해 기어간다'. 아기의 새로운 반응이 흥미로워 아기엄마는 일부러 불을 끄지 않고 있는 걸까. 아기가 '오래오래'

소리와 놀 수 있도록. 이 일상적 공간은 '익숙함으로 닳아버린 땅'의 일부, 곧 '차안此岸'이다. 그러나 '삐삐주전자'의 알림음을 '기적소리'로 치환하자 '아기'는 '언제나 빛의 왕관을 쓰고 있는' '피안彼岸'에서 떠나온 어린 여행객이 된다. 말하지 못해서 그렇지, 자기가 온 곳을 온전히 기억하고 있을 '아기'가 '떠나온 지 아직 돌도 안 된 곳으로 돌아가는 기차를/ 오래오래 배웅하고 있'는 장면은 그래서 낯설고 신비롭다. '기적소리'가 '汽笛'과 '奇蹟'을 오가며 생성하는 이미지도 한몫한다. 아기엄마는 '아기'와 같은 공간에 있었겠지만, 시 속에는 없다.

따라서 아기엄마가 숨은 관찰자인지 화자인지 시인인지 알 수 없다. 이 객관적 거리로 인해 시는 각본 없는 현재라는 의미의 '미지에서' 우리가 떠나온 근원으로서의 '미지로' 열리면서 '언제나 빛의 왕관을 쓰고 있는' '피안'을 얼핏 '차안'에 현시해주고 있다.

다음을 보자.

    엘리베이터는 수직의 강물
    캄캄한 어둠과 저 아찔한 허공의 통로
    유속이 느리다
    정신이 은빛 물살 튀기며 솟구쳐 오를 때
    몸 안이 환해지는
    지하 삼층에서 지상 십오층 사이

늘 아슴아슴 그리운 너에게 닿으려면
나룻배 타고 안개 낀 강나루 건너
밤나무골 순이네 집에 이르듯
잠시 호흡을 멈추고
엘리베이터 9층 버튼 그윽이 눌러야 한다
―「엘리베이터」 전문

이 시를 읽으면서 연필을 들어 뭔가 계산을 하게 되는 건 우연이 아니다. '엘리베이터라는 수직의 강물'의 '유속이 느리다'고 했을 때, 이는 수평의 강물의 '유속'을 염두에 둔 것이다. '엘리베이터 9층 버튼 그윽이' 누른다고 했을 때는 '나룻배 타고 안개 낀 강나루 건너/ 밤나무골 순이네 집'에 도달하기까지의 시간을 염두에 둔 것이다. 이를 수학의 형식을 빌려 공식화해보자.

엘리베이터의 속도 : 강물의 유속 = 네가 있는 아파트 9층까지의 수직거리(현재) : 강 건너 순이네 집까지의 수평거리(과거)

이에 따르면, 엘리베이터로 아파트 9층까지 이동하는 속도와 거리는 강 건너 순이네 집까지의 그것과 같다. 과연 이런 공식이 성립할 수 있을까. 인구밀도라는 단어가 키워드인 듯하다. 15층짜리 아파트 한 동의 가구 수는 아마도 옛 시절의 한 마을, 혹은 그보다 넓은

(강 건너까지도 포함한) 지역의 가구 수와 맞먹을 것이다. 아파트는 옛 마을의 규모를 수직으로 압축한 초과밀 형태의 현대식 주거 방식이기 때문이다.

시인은 현대도시를 예전의 수평적인 시간과 속도에 비례 관계로 놓음으로써 '늘 아슴아슴 그리운 너에게 닿으려'는 생의 '유속'을 '그윽'하게 늦춘다. 예술적 온도가 전이된다.

  벽에 나란히 걸린
  두 개의 그림
  그것은 하나의 사건이다
  누구의 그림이냐 언제 적 작품이냐
  술을 마시며 사건이 구체적으로 작가의 삶과 예술을 안주 삼을 때
  30년의 시차를 두고 그린 누군가의 산수화를 거실에 걸어둔 장본인
  제육볶음에 무생채를 얹으며 그가 말했다

  그림이 사건인 것은 삶의 변곡점이 거기 있기 때문이야 젊은 날의 그림은 또렷하고 빽빽하고 선에서조차 웃음, 한숨, 눈물이 스타카토로 묻어나 그런데 이상하지 나이 든 그림은 허술해 모든 선은 곡선의 배후가 돼 선이 몇 개 안 돼 텅텅 빈 게 울려서 밤마다 잠이 안 와

  30년 동안 물감 아낄 궁리만 한
  물감을 절반도 안 쓴
  성의도 없는 데다

장본인을 괴롭히기까지 하는
　저, 저 숭악한 그림을 넘겨라, 반값에 사마
　사실은 반값도 후한 거라고 암만, 암만 맞장구를 치면서 우리는
　　　　　　　　　　　　　　－「그림값에 대한 고찰」전문

　어느 화가가 '30년의 시차를 두고 그린' 그림 두 점이 '벽에 나란히 걸'려 있다. 그림 소유자인 '그'의 호소가 2연의 내용으로, '그'에 의하면 '그림이 사건'이다. 1연에서 '사건'이 작품 외적인 의미('그림값')에 대한 '우리'들의 관점이라면, '그'의 관점은 작품 내적인 의미에 있다.
　30년의 시차로 인해 그림에는 화가의 삶의 변곡점이 드러난다, 젊은 날의 그림은 화가 자신의 낱낱의 삶이 빼곡하게 기록된 데 반해 나이 들어서의 그림은 여백으로 충만하다, 이 허술해 보이는 그림이 나 자신인 것만 같아 잠이 안 온다…. 그림으로부터 억압당하고 있는 듯이 보이는 이런 태도는 그러나 그림에 대한 불평이 아니라 자신도 모르게 삶과 예술의 온도가 같아졌음에 대한 실토다. 이때 3연에서 '우리'의 세속적인 과잉 제스처가 2연의 '그'의 발언을 더욱 신뢰할 수 있게 만드는 시적 장치로 작동하면서 시는 진지함과 유머를 동시에 머금는다.
　「미지에서 미지로」가 어린 여행자인 '아기'로 인해, 「엘리베이터」가 '그리운 너'로 인해 새로운 차원의 시

공간을 발견하고 창조하면서 보다 근원적인 세계와 사랑을 모색했다면, 「그림값에 대한 고찰」은 예술적 고양을 모색한다. 현실에 존재하지 않는 장소와 시간과 의미를 찾아내는 시적 고투는 기적과 무관한 일상 속에서 기적의 발견을 위한 고투와 다름없다.

3.

유행가를 예로 드는 게 적절할지 모르겠지만, 사랑의 구구절절한 사연과 사무침이 곡에 실려 들려올 때 '나네! 나야!' 공감했던 경험은 누구에게나 있을 법하다. 특히 이별에 대한 노래가 더욱 그렇지 않았나. 그러나 이를 시에 담았을 때는 실패하기가 십상으로, 시에서는 감정과 거리두기가 중요하기 때문이다. 강영희는 사랑을 테마로 한 시에서 주관적 주체의 개입을 최소화하는 방식으로 이 지점을 넘어선다.

눈이 어두워져 가는 남자가 있다
입이 어두워져 가는 여자가 있다

희랍어 강의실
칼레파 타 칼라,
아름다움은 아름다운 것, 어려운 것, 혹은 고결한 것
고대 희랍인들의 관념을 향하여
진흙의 시간과 머리카락의 고요와 소멸의 이데아에 관

하여
　그들은 먼 시간 먼 나라 얼음 기둥을
　어두워져 가는 손으로 만진다
　밤이 번진다

(중략)

　남자와 여자는 서로의 심장에 손을 넣는다
　높이 높이 솟구쳐 오른다
　그러나 끝내 스쳐 지나
　각기 다른 곳에 착지한다
　태양의 흑점들이 폭발하기 시작했다
　　　　　　　　　　　　　－「희랍어 시간」 부분

　한강의 소설을 모티프로 한 이 시는 서로에게 도착할 수 없어서 스쳐 지나가는 남녀의 사랑을 조명한다. 시력을 잃어가는 남자와 말을 잃어가는 여자가 만난 '희랍어 강의실'. 그들은 '칼레파 타 칼라'를 실현하며 '끝내 스쳐 지나' 간다. '아름다움은 아름다운 것, 어려운 것, 혹은 고결한 것'. 사랑의 이러저러함에 대해 말할 때 객관적 주체의 등장은 필연적이지만, '진흙의 시간과 머리카락의 고요와 소멸의 이데아'를 '그들'과 함께 느끼며, '그들'이 '먼 시간 먼 나라 얼음 기둥을/ 어두워져 가는 손으로 만'질 때 그 '얼음 기둥'에 차마 함께 손을 대지 않는다. 시인은 소설이나 영화 속 사랑을 시로 각색하면서 시 속에 자신의 지분을 밀어 넣지 않는다.

> 지는 벚꽃과 떠나는 애인 그 갈피에서
> 우리 헤어지자,
> 애인들은 서로 이별 당하고
> 애인들은 서로 여성적 화자가 되어
> 물웅덩이에 겹으로 쌓여 울음을 참고
> ─「벚꽃의 보편성」부분

앞의 시에서 '남자와 여자'가 '끝내 스쳐 지나/ 각기 다른 곳에 착지'하듯, 위의 시에서 '애인들은 서로 이별 낭'한다. '지는 벚꽃'과 '떠나는 애인'을 은유한 이 시는 '물웅덩이에 겹으로 쌓'인 '벚꽃'과 헤어지는 '애인들'의 '울음'을 포갠 후에, '서로 여성적 화자가 되'어 슬픔으로 동등해진 애인들의 '보편성'과 슬픔처럼 일시에 지는 '벚꽃의 보편성'을 다시 겹쳐놓음으로써 이별의 무게를 감각적으로 전달한다. 복수형으로서의 '벚꽃'과, '애인'을 '애인들'로 복수화함으로써 '애인'이 없는 이들조차 '벚꽃' 아래서는 '이별 당하고' '울음을 참'는다.

위의 시 두 편이 스쳐 지나가는 사랑에 대한 소묘라면 다음의 시들은 어긋나는 사랑에 대한 소묘라고 할 수 있다. 돌이킬 수 없는 사랑은 이 장의 후반부에서 다루려고 한다.

틀어진 섀시 틈새로 싸락눈이 들이치던 밤 나는 30평 아파트 세간살이를 항공용 가방에 모두 밀어 넣어야만 했다 가방은 거실 한 가운데 방주처럼 우뚝 서서 승선 대상을 체크하고 있었다

(중략)

내가 들어가 앉아야 가방이 완성되는 터라 나는 엉덩이부터 들이밀었다 내 몸을 두 조각으로 찢으면서라도 프레임을 중시하는 가방은 지퍼를 잠그려 하였다 너무 비좁아 나는 튕겨 나왔다

내가 너에게 짐이라면 너도 나에겐 결국 짐일 뿐이야 나는 가방을 쏘아보며 단호하게 선언했다 완성되지 않은 가방을 밀며 나는 어딘가로 떠나야만 했다
-「짐의 서사」부분

빛과 어둠이 섞이는 저녁 어스름의 시간대 밖에서
칡은 칡대로 등나무는 등나무대로 제 갈 길로 뻗어갔다
치렁치렁 칡꽃도 등꽃도 홀로 아름다웠다
-「세모와 네모의 시간대」부분

앞의 시에서 '프레임을 중시하는 가방'이 상징하는 것은 결혼제도 혹은 억압적인 가부장적 가치일 것이다. '나는' 순응하기('들어가 앉아야 가방이 완성되'기 때문) 위해 노력하지만, '너무 비좁아' '튕겨 나'오고야 만다. '나는 가방을 쏘아보며 단호하게 선언'해보

지만, 이는 가녀린 항변에 불과할 뿐 상황을 개선하거나 바꾸기에는 역부족이다. 어린아이들의 장난감 중에 세모, 네모, 원형, 별 모양 등을 제 자리에 끼워 넣는 퍼즐이 있다. 세모에 네모를 끼우거나, 네모에 세모를 아무리 욱여넣어도 퍼즐은 결코 이를 받아들이지 않는다. '완성되지 않은 가방을 밀며' '어딘가로 떠나야만 했'던 행위가 어긋난 퍼즐 놀이에 대한 감정적 귀결이라면, 위의 시에서 '제 갈 길로 뻗어' '치렁치렁 칡꽃도 등꽃도 홀로 아름다웠다'는 대목은 비슷한 상황의 미적 귀결이다. 이 외에도 동일한 패턴을 보여주는 어긋남의 시가 또 있다.

비록 재산은 탕진했으나 내가 누구냐, 대한민국 건축 부문 지붕 자재 수입사에 한 획을 그은 인간 아니냐, 말인 즉슨 나는 실패한 게 아니다 노병은 죽지 않는단 말이다

창가에 서면 석촌호수 위로 점점이 비둘기 떼 솟구쳐 올랐다 나도 모르게 내리친 맥주병 조각처럼 날카로웠다 건설적인 분위기의 파편들처럼 비둘기가 다른 하늘로 선회해서 사라졌다

(중략)

…… 황사 바람 지랄같이 회오리치는 봄날이었다
　　　　　　-「무너진다 사라진다 멀어져간다」 부분

번개가 잠시 마른 뼈의 진실을 보여줄 때

잠시 뒤 천둥이 구름 뒤에서 부연 설명을 합니다

변명은 천둥의 미학적 수사修辭

자학적이지만 스스로 달콤합니다
─「번개 이야기」 부분

격랑의 순간에 앞의 시가 시적 주체와 그 배우자의 갈등을 직설적 화법으로 드러냈다면, 위의 시는 이를 '번개'와 '천둥'으로 형상화했다. '재산을 탕진'하고도 '나는 실패한 게 아니'라고 목소리를 높이는 남편의 만용이 전자라면, 남편의 외도에 대한 관용을 가장해 자기합리화하는 아내의 '변명'을 '천둥'의 '부연 설명이나' 미학적 수사修辭'로 은유한 것은 후자이다. 시 두 편의 공통점은 전자의 남편과 후자의 아내가 삶의 진실을 직시하지 않았다는 사실이다. 그럼에도 불구하고 전자는 날것의 현실 언어를 사용함으로써 리얼리티를 살리고, 후자는 현실과 서정적 거리를 유지하면서 미적 감각을 살림으로써 전혀 다른 분위기의 시가 되었다.

또 하나, 돌이킬 수 없는 사랑이 있다.

두 발의 총성

화면에서 발사되지 않은
또 한 발의 총성이
객석의 한 소녀를 관통할 때

피가 낭자한 흰 보에 싸여
심연의 돌무덤에 봉해지는 게 피크닉 아니겠어요

다시 꺼내 보지 못하는
나의 첫사랑 아니겠어요
―「엘비라 마디간」 부분

   영화 〈엘비라 마디간〉의 플롯과 동행하는 이 시에는 '1972년 개봉작. 보 비더버그 감독'이라는 각주가 붙어 있다. 강영희의 시집에는 영화와 책을 모티프로 한 시가 여러 편 눈에 띄는데 대체로 수작이고, 이 시 역시 그중 하나다. 1889년을 시대적 배경으로 젊은 유부남 장교와 서커스에서 줄 타는 소녀 '엘비라 마디간'의 사랑의 도피를 그린 이 영화는 둘의 권총 자살로 끝이 난다. 그러나 '심연의 돌무덤에 봉해'짐으로써 그 사랑을 영원한 것으로 만든 것은 영화 주인공들만이 아니다. '화면에서 발사되지 않은/ 또 한 발의 총성이/ 객석의 한 소녀를 관통'한 것은 물론 '한 소녀'의 상상적 체험이지만, 주인공들에 자신을 투사한 그 '소녀'가 '나'와 동일시되는 가운데 '나의 첫사랑' 역시 '다시 꺼내 보지 못하는' '심연의 돌무덤에 봉해' 졌음을 알게 된다. 대개의 첫사랑이 그렇듯.

돌이킬 수 없는 사랑의 목록은 조금 더 있다. '너 하나'의 중량이 '모든 사람'의 총체보다 커서 '너 하나 사라졌을 뿐'인 '육지에서 점점 멀어져' 섬이 되는 '나'(「섬」)나, 지인의 죽음으로 '너라는 진솔하고 대담한 인문학 서적'을 상실한 '나'(「인문학 서적—고 안미효 시인에게」) 역시 죽음만은 돌이킬 수 없다. '이승의 뚫린 구멍으로 몰려 들어온 저승의 혼들' 중에 '가장 얼굴 창백한 반딧불이'를 알아보듯 착란이나 환상의 형태로만 '그가 확 끼쳐'(「반딧불이—코타키나발루에서」)질 수 있는 것이다.

4.

이 글의 주제이기도 한 질문을 이제 다시 꺼낼 때가 된 것 같다. 우리에겐 마술이 필요할까, 우리의 생을 반전시키는 마술이? 먼저 다음의 시를 보자.

동의하지 않겠다

색깔이 비슷하다고
겉모양이 닮았다고
이 불을 저것에 옮겨 붙일 때
저것은 같은 불로 타지만 자기를 모두 잃는다

패랭이를 닮았다고 패랭이꽃
양반들이 지나가면
패랭이를 벗고 길가에 엎드렸다던 천민들처럼
지금 저 꽃들이 길가에 떼 지어 엎드렸다는 것이냐
-「작명」전문

사물에 이름을 지어 붙이는 행위는 인간을 동물과 구분하는 중요한 특징 중의 하나다. 인간은 '작명'하거나 명명함으로써 사물에 존재성과 고유성을 부여한다. 그런데 때로 그것은 인간 편의적이다. 사물의 특성이 잘 반영되었는지도 알 수 없다. 사물의 존재성과 고유성은커녕 사물의 입장에서는 모욕감을 느낄 만한 여지도 있다. 폭력적이기까지 하다. 이 시가 준엄하게 꾸짖는 것은 바로 자연에 대한 인간의 무례함에 대해서다.

길가에 무더기로 '패랭이꽃'이 피어 있다. 꽃 모양이 '천민들'이 쓰던 '패랭이'를 닮았다고 '패랭이꽃'이라고 이름 지어진 꽃. 그리하여 이 꽃은 '피어 있는' 것이 아니라 '양반들이 지나가면/ 패랭이를 벗고 길가에 엎드렸다던 천민'의 이미지를 덮어쓴다. '자기를 모두 잃'은 것이다. 이런 부당함에 대해 '동의하지 않겠다'는 기백을 보여주는 시인은 '대량생산된 인공미인들/ 눈 한번 깜빡거리지 않고 판에 박은 미소를 짓고 있다// 축제를 위해 은어 치어들이/ 갯벌의 조개들이/

튤립 구근들이/ 티브이에서는 열 살도 안 된 아이가 단장의 미아리고개를// 컨테이너에 실린/ 축제가 한반도를 급습하고 있'(「꽃무릇 축제」)는 현실을 날카롭게 짚어내기도 한다. 그러나 한편으로 그 반대편에 서 있던 자신 역시 잊지 않는다.

>남북통일
>지구 온난화엔 곁눈도 주지 않고
>
>치졸한 나의 전통은 유구해서
>
>유신 치하의 대학 시절
>스크럼 짠 대모 행렬이 학교 앞 도로에 드러눕고 드디어
>탱크가 적진처럼
>교정을 짓밟고 서던 날
>나는 최루탄 냄새가 번지지 않은 곳까지
>뒤돌아보지 않고 내달렸다
>
>반항하지 못하고
>반성하지 못하고
>저 뜨거운 조명을 견디는 미니어처들에 감정이입이나 하다가
>일상으로 안전하게 복귀하는
>얼마나 작으냐, 라고 말할 자격도 없는 나는
> ─「거제도 포로수용소 유적지를 나오며─김수영 風으로」 부분

이 시를 쓴 시인과 「작명」의 시인은 같은가. 이 시를 쓴 시인과 「꽃무릇 축제」를 쓴 시인 또한 같은가. '저 뜨거운 조명을 견디는 미니어처들에 감정이입이나 하다가/ 일상으로 안전하게 복귀하는' 일상인과 사회적 자아가 미성숙했던 시절에 대해 '반항'하고 '반성'하는 시인의 자의식을 대비시킨 이 시는 시를 쓴다는 것이 왜 기적인지를 말해주는 또 하나의 증표다. 진정한 자아의 발견은 '오늘이라는 제한된 시공간을 시시각각 자각하며 살아가는 인간'이 자신의 숙명을 벗어나는 유일한 통로이기 때문이다.

    나 그대 다시 만나면
    밤 내내 두려움으로 떨지 않으리
    그대 입김 나의 미소가 만나
    긴긴 밤의 터널을 지나
    수만 송이 꽃을 피워낼 때

    유리창은 그저 우리의 웃음과 울음을 기록하고 있을 뿐
    한 번도 디자인된 적 없는 무늬
    결빙의 옷자락을 끌며
    크레바스의 어둠에 불을 밝히리

    아침은 결코 당도하지 못할 것이다
    얼음꽃을 향해
    둥둥 북소리로 다가올 아침

그 햇살 다발을 부러뜨려라
나의 친애하는 아바타여

　　　　　　－「나의 친애하는」 전문

　시집의 첫 장에 배치된 이 시에는 주술적 분위기가 감돌고 있다. '나 그대 다시 만나면'이 주문呪文의 형식으로 각 연 첫 행마다 보이지 않게 자리잡음으로써 시는 두 가지 가능성을 갖고 전개된다. '나 그대 다시 만나면'과 '나 그대 다시 만나지 못하면'의 결과값으로. '나 그대 다시 만나면'이 워낙 강력한 기원이어서 그것이 실행되지 않을 경우 '나 그대 다시 만나지 못하면'의 충격도 클 수밖에 없다. '크레바스의 어둠에 불을 밝히리', '아침은 결코 당도하지 못할 것이다', '그 햇살 다발을 부러뜨려라'의 당당함의 전제가 '나 그대 다시 만나면'이기 때문이다. '동짓달 기나긴 밤을 한 허리를 버혀 내어/ 춘풍 니불 아래 서리서리 너헛다가/ 어룬님 오신날 밤이여든 구뷔구뷔 펴리라'는 황진이 시조의 강영희 버전이라 할 수 있다. 그러나 '나 그대 다시 만나지 못하면' 나는 '밤 내내 두려움으로 떨' 것이며, '크레바스의 어둠에 불을 밝히'지 못할 것이고, '아침은' 속히 '당도'할 것이다. '그 햇살 다발을 부러뜨'리지 못했으므로.

　여기서 '나의 친애하는 아바타'가 흥미롭다. '그대 입김 나의 미소가 만나/ 긴긴 밤의 터널을 지나/ 수만 송이 꽃을 피워' 내는 '한 번도 디자인된 적 없는 무늬'의 아름다운 시간에 '둥둥 북소리로 다가올 아침'의 '그 햇살 다발을 부러뜨'리는 임무를 맡은 '아바타'는 누구인가. 시인이 '마술을 찾아/ 카페를 휘휘 둘러보았'(「우리에겐 마술이 필요하다」)을 때 마주친 '그'가 아닐까. 일상과 사실이 시의 프리즘을 통과하는 순간의 광휘가 마술이 아닐까.

우리에겐 마술이 필요하다

찍은날　2022년 2월 5일
펴낸날　2022년 2월 10일
지은이　강영희
펴낸이　박몽구
펴낸곳　도서출판 시와문화
주　소　13955 경기 안양시 동안구 경수대로883번길 33,
　　　　103동 204호(비산동, 꿈에그린아파트)
전　화　(031)452-4992
E-mail　poetpak@naver.com
등록번호　제2007-000005호(2007년 2월 13일)

ISBN　　978-89-94833-74-3(03810)

정　가　12,000원